행복을 연출하는
방송 PD

글쓴이 **노지영 선생님**은

상명대학교에서 국어국문학을 공부했어요.
어릴 적부터 새롭고 재미난 세상을 상상하길 좋아했고,
꿈꾸었던 세상을 책에 담아 어린이들과 함께 나누고 싶어서 동화 작가가 되었어요.
작품으로 〈시험불안 탈출학교〉, 〈역사 인물 38인의 특별한 일기〉, 〈구석구석 놀라운 인체〉,
〈두근두근 방송국 탈출하기〉 등이 있어요.

그린이 **김미규 선생님**은

단국대학교에서 언론영상학을 공부했어요.
작품으로 〈신랑감을 찾습니다〉, 〈프롬이 들려주는 사랑 이야기〉, 〈자연과 함께하는 놀이동요〉,
〈엄마와 함께하는 놀이동요〉, 〈뚝! 떨어졌어요〉, 〈사자와 이발사〉 등이 있어요.
일러스트레이터 그룹 '나飛' 회원으로 활동하고 있어요.

행복을 연출하는
방송 PD

글 노지영 · 그림 김미규

주니어 RHK

PD(피디 : 연출가)란?
연극, 영화, 방송 따위에서 제작의 모든 관리를 책임지는 사람이에요. 텔레비전 방송에서는 어떤 프로그램을 만들 것인가를 결정하고, 그에 적합한 장소와 분위기와 출연자를 정해서 프로그램 제작을 총지휘해요.

나 PD에게 떨어진 아찔한 특명!

D-14일.
"예? 두 시간짜리 특집 쇼 프로그램을 단 이 주일 만에 만들라고요?"
JBS 방송국에서 일하는 나 PD가 국장님에게 아찔한 특명을
받은 순간, 지옥의 달리기가 시작되었어.

"어이, 나 보배! 어딜 그렇게 바쁘게 가나?"

나고수 PD가 예능국(방송국에서 음악, 코미디 등 예능 프로그램을 담당하는 부서) 국장실로 급히 뛰어가고 있는데 어떤 선배가 물었어.

"아, 서 선배! 지금 좀 바빠서요. 나중에 봐요."

나고수 PD는 예능국 사람들에게 '나 보배'라고 불려. 나 PD가 예능국에서는 없어서는 안 될 아주 중요한 사람이기 때문이지.

나 PD는 예능국에서 둘째가라면 서러운 최고의 연출가야. 금요일 저녁에 방송되었던 '주말이 좋아!'는 연예인이 보통 사람들을 찾아가 그들의 삶을 직접 체험해 보는 쇼 오락 프로그램인데, 재미뿐 아니라 큰 감동을 선사했지.

나 PD가 만든 이 프로그램은 그동안의 오락 프로그램 중 최고의 시청률을 기록했어. 그 덕분에 나 PD는 오락 프로그램의 새 장을 열었다는 평가를 받았지. 그 뒤로도 JBS 방송국의 인기 오락 프로그램은 모두 나 PD의 손에서 탄생했어.

국장실로 향하는 나 PD는 잔뜩 긴장했어. 흥행 제조기라고 인정받는 나 PD이지만 국장실에 갈 때는 늘 긴장이 되었지.

'무슨 일이지? 오늘 나간 방송에 무슨 문제가 생겼나? 우리 제작진이 사고라도 친 걸까? 가만, 시청률(사람들이 특정 텔레비전 프로그램을 얼마나 보는지를 수치로 나타낸 것) 때문인가? 아냐, 지난주 시청률은 제법 잘 나왔는데…….'

십여 분 뒤, 국장실을 나온 나 PD는 소리라도 지르고 싶었어.

"으악! 어떻게 두 시간짜리 특집 프로그램을 단 이 주일 만에 만들라는 거야!"

사실은 JBS 방송국에 비상이 걸렸어. 다른 방송국에서는 오래전부터 크리스마스 특집 프로그램을 어마어마한 규모로 준비하고 있었다는 거야. 그런데 JBS는 작년처럼 스튜디오 안에서 하는 쇼 프로그램만 준비하고 있었거든. 뒤늦게 이 사실을 알게 된 국장님이 JBS 예능국의 보배인 나 PD를 불러 특별히 지시한 거야.

'이 주일 안에 다른 방송국보다 특색 있고 재미있는 JBS만의 크리스마스 특집 쇼 프로그램을 만들라!'

나 PD는 머릿속이 복잡했어. 하지만 나 PD만큼 추진력이 강한 사람도 없지.

"흠, 이러고 있을 시간이 없어."

나 PD는 방송국 복도를 뛰어가며 휴대 전화로 급히 전화를 걸었어.
"김 작가! 지금 당장 방송국으로 나와 줘. 나랑 특집 프로그램을 하나 만들어야겠어."
나 PD는 또 어딘가로 전화를 걸었지.
"최우수? 국장님한테 얘기 들었지? 회의 시작할 테니까 지금 당장 회의실로 와."

나 PD는 여기저기에 전화를 한 뒤 예능국의 한 회의실로 갔어. 그곳에는 최우수와 유일한 두 명의 조연출(AD:에이디)과 한 명의 연출 보조(FD:에프디)가 있었지. 세 명의 작가도 곧 도착했어. 이 주일이라는 짧은 시간 동안 두 시간짜리 특집 쇼 프로그램을 만들기 위해 급히 연출 제작진이 모인 거야. 조연출을 맡을 사람은 예능국에서 미리 정해 놓았고, 작가와 연출 보조는 나 PD가 원하는 사람들을 불렀지.

김빛나 작가는 나 PD가 프로그램을 만들 때마다 함께 일한 작가야. 성격이 깐깐해서 대본도 꼼꼼하게 잘 쓰지. 김빛나 작가는 일을 도와줄

후배 작가 두 사람도 데리고 왔어.

최우수 조연출은 별명이 JBS 예능국의 '활화산'이야. 무슨 일이든지 펄펄 끓는 화산처럼 흥분을 잘하기 때문이지. 그에 비해 유일한 조연출은 성격이 차분한 편이야. 한편 연출 보조 강대한은 JBS 방송국에 갓 들어왔는지 긴장한 티가 역력했어.

나 PD의 제작 수첩

연출 제작진이란?

프로그램을 기획하고 어떻게 만들 것인가를 결정짓는 연출가, 조연출, 연출 보조, 작가를 '연출 제작진'이라고 해요.

연출가(PD) 프로그램 연출의 책임자로, 대본, 배우의 연기, 무대 장치 등을 종합적으로 지휘해요.

조연출(AD) 연출가를 도우며 프로그램을 만들어요. 이 기간을 거쳐야 정식으로 연출가가 될 수 있지요.

연출 보조(FD) 촬영 현장에서 일어나는 모든 진행 상황을 체크하고, 촬영이 순조롭게 돌아가도록 연출가와 조연출을 도와요.

작가 연출가와 함께 프로그램을 기획하고 구성하며, 출연자들이 하는 말 등을 담은 대본을 써요.

"크리스마스이브에 집에서 텔레비전을 보는 사람들이라면 대부분 가족과 함께 크리스마스를 보내는 사람들이겠군요."
"그렇지요. 중요한 건 독특한 설정인데……."
김빛나 작가의 말에, 최우수 조연출이 펜으로 책상을 톡톡 두드리며 대답했어.
"연예인들이 세계 곳곳의 크리스마스 현장을 취재하면 어때요?"
"준비 시간이 너무 부족해. 두 시간짜리니까 1부와 2부의 느낌을 다르게 하면서 좀 더 특색 있게 만들 수 있는 방법이 없을까?"
"1부는 크리스마스를 주제로 코믹 드라마를 꾸미면 어때요?"
"난 반대. 코믹 드라마로 한 시간 동안이나 시청자를 잡아 두기는 힘들어요."
회의는 그날 하루를 훌쩍 넘기고, 다음 날 저녁이 되도록 끝날 줄 몰랐어.
"빛나 선배! 회의만 하다가 시간 다 가겠어요."

막내 작가가 입을 삐죽 내밀자, 나 PD가 조용히 말했어.
"기획 회의는 최고의 설계 도면을 그리는 것과 같아. 설계 도면이 훌륭해야 멋진 건물을 지을 수 있듯이, 기획 회의에서 나오는 아이디어가 좋아야 프로그램도 잘 만들 수 있는 거야."

나 PD는 답답한 마음에 창밖을 바라보았지. 바깥에는 각양각색의 불빛이 화려하게 빛나고 있었어.

'불빛, 불빛……. 크리스마스 불빛이라……. 그래!'

나 PD가 책상을 탁 쳤어.

"주제를 '두 가지 빛의 크리스마스'로 하는 건 어때? 1부는 '기쁨의 화이트 크리스마스', 2부는 '감동의 레드 크리스마스'로 꾸미는 거지."

"오! 좋은데요? 1부는 경쾌하고 발랄하게! 2부는 부드럽고 따뜻하게!"

마침내 크리스마스 특집 쇼의 주제가 정해졌어.

스타 잡기? 별 따기보다 어려워!

D-12일.
"인기 있다 싶은 가수나 배우들은 이때쯤이면 모두 일정이 있을 텐데……."
원하는 출연자, 원하는 장소를 잘 섭외한다면 절반은 성공한 셈이지.
나 PD는 어떤 출연자를 섭외해야 할지 고민에 고민을 거듭했어.

"아, 정 실장님, 안녕하세요? 나고수 PD입니다."

나 PD는 온종일 전화기 앞에 있었어. 프로그램의 주제가 정해졌으니, 거기에 맞는 출연자를 빨리 섭외해야 하거든. 지금은 인기 가수 휘호의 매니저(연예인의 섭외 및 일정을 관리하는 사람)인 정일정 실장과 통화 중이야.

예능 프로그램은 얼마나 인기 있는 연예인이 출연하느냐에 따라 시청률이 크게 달라져. 그래서 PD와 작가 들은 너 나 할 것 없이 스타(높은 인기를 얻고 있는 연예인이나 운동선수)를 섭외하려고 해. 그 과정이 얼마나 치열한지 '섭외 전쟁'이라 불릴 정도야.

"제가 이번에 크리스마스 특집 프로그램을 맡았거든요. 거기에 휘호를 출연시키고 싶어서요……. 이런! 제가 한발 늦었군요."

나 PD는 실망스러운 표정으로 수화기를 내려 놓았어.

나 PD는 방송계에서 발이 넓기로 소문이 났어. 조연출 시절부터 함께 일하는 사람들을 두루두루 잘 챙겨서, 분야를 가릴 것 없이 아는 사람이 무척 많아. 하지만 그런 나 PD라도 촬영할 날이 코앞인 지금, 이미 다른 일정이 잡힌 스타를 섭외하기는 어려웠지.

김빛나 작가는 요즘 최고의 인기를 누리고 있는 영화배우 루미를 섭외하고 싶었어. 루미는 착하고 예쁜 천사 이미지로 많은 사랑을 받고 있었거든. 그래서 2부 '감동의 레드 크리스마스' 주제에 딱 어울릴 것 같았지.

김빛나 작가는 일단 루미의 매니저인 주요한 실장에게 전화를 걸었어.

"올해 JBS의 크리스마스 특집 쇼 프로그램을 1부, 2부로 만들 예정이에요. 2부의 주제가 '감동의 레드 크리스마스'로 정해졌는데, 루미 씨의 이미지가 부드럽고 따뜻해서 이 프로그램과 잘 맞을 것 같아요. 한 가지 더 말씀 드릴 것은, 루미 씨의 일정만 허락된다면 핀란드의 로바니에미로 직접 촬영을 가야 한다는 거예요."

김빛나 작가는 계속해서 이야기했어.

"촬영은 루미 씨가 일정이 없는 날로 조정해 드릴 수 있어요.
……네, 그럼 좀 더 생각해 보시고 연락을 주시겠어요? 저희 팀 전화번호는……."

다행히 주요한 실장은 김빛나 작가의 섭외 요청을 단번에 거절하지 않았어.

같은 시각, 최우수 조연출과 강대한은 강원도 산골을 두루두루 살피고 있었어. 야외 촬영 장소로 적합한 곳을 찾는 중이었지. 야외 촬영은 보통 수십 명의 사람이 함께 움직이기 때문에 특별히 신경을 써야 해.
 "여기는 넓어서 좋기는 한데, 아기자기한 분위기가 없을 것 같지?"
 "네. 조명도 별로예요."
 "그래, 그럼 다른 장소로 가 보자."
 최우수 조연출은 지금껏 둘러본 장소를 비디오카메라로 꼼꼼히 촬영했어. 둘러본 장소를 나 PD에게 보여 주기 위해서야. 나 PD가 야외 촬영 장소를 최종적으로 결정하거든.
 지금까지 세 군데나 둘러보았는데도 마음에 드는 곳이 없자, 두 사람은 마음이 급해졌어.

이제 야외 촬영 장소의 마지막 후보지인 '설원 스키장'에 도착했어. 그런데 때마침 스키장의 모든 불이 일제히 켜졌어. 불빛에 비친 눈밭은 마치 반짝이는 은빛 가루 같았지.

"와, 정말 환상적이에요! 지금까지 보았던 곳 중에서 최고예요."

"됐어! 이 정도면 훌륭해. 사전 답사도 꼼꼼하게 해 가자."

야외 촬영 장소를 선택한 뒤에도 이것저것 살펴볼 게 많아.

촬영 장소의 주변 환경은 물론 해가 몇 시에 뜨고 지는지, 어떤 조명 장치를 사용할 것인지도 살펴야 해. 어떤 지점에서 촬영을 할지, 카메라 앵글(촬영하는 범위와 각도)은 어떻게 잡을지, 출연자들이 어디에서 어떻게 움직이면 좋을지 등을 미리 생각하고 살펴야 계획대로 촬영할 수 있거든.

"나 PD님도 분명히 만족하실 거야!"

최우수 조연출은 비디오카메라의 모니터를 흐뭇하게 바라보며 중얼거렸어.

"김 작가! 대본 작업은 어떻게 되고 있어?"

나 PD가 작가실에서 나오는 김빛나 작가에게 물었어.

"후유, 루미 씨 섭외가 결정되어야 대본을 쓸 수 있을 것 같아요. 한시가 급한데 아직 연락이 오지 않네요."

"아, 루미가 있었지! 왜 루미 생각을 못했을까? 내가 한번 전화해 볼게. 루미라면 나와 좀 친하거든."

나 PD는 사무실로 가자마자 루미에게 전화를 걸었어.

"아, 루미 씨! 잘 지냈어?"

"나 PD님! 안녕하세요? 오래간만이에요."

루미는 나 PD의 전화를 무척이나 반갑게 받았지. 나 PD는 그동안의 사정을 이야기했어.

"나 PD님이 연출하시는 프로그램이라면 당연히 출연해야지요. 산타 마을이 아니라 남극에라도 갈게요."

"하하하, 말만이라도 고마워. 그런데 촬영 일정이 조금 급한데

나 PD의 제작 수첩

섭외 비결

하나, 설득이 중요해! 다른 프로그램과 비슷한 성격의 프로그램이라도 특별해 보이도록 설명을 잘해서 설득해야 해요. 또 출연을 거절할 때를 대비해서 갖가지 설득 방법을 준비하는 것이 중요해요.

둘, 미리 준비하라! 섭외는 미리미리 하는 게 좋아요. 내가 원하는 연예인이 언제 다른 일정이 생길지 모르니까요.

셋, 문어발 PD가 되라! 인간관계는 넓을수록 좋아요. 문어발처럼 각계각층의 사람들과 친분을 쌓아 두면, 언젠가는 큰 도움을 받을 수 있답니다.

넷, 인기 프로그램 제조기가 돼라! 자신이 만든 프로그램이 인기를 얻으면, 부르지 않아도 프로그램에 나오고 싶어 하는 연예인들이 줄을 설 거예요.

괜찮겠어?"

"그럼요. 일정을 조정하면 갈 수 있을 거예요."

이렇게 해서 루미 섭외는 뜻밖에 쉽게 이루어졌지.

"두 분이 굉장히 친하신가 봐요. 한 번에 허락하다니!"

김빛나 작가가 눈을 동그랗게 뜨고 말했어.

"루미가 신인이어서 아무도 섭외하지 않았을 때 내가 '주말이 좋아!' 프로그램에 출연시켜 준 적이 있거든. 그 일을 계기로 루미가 인기를 얻게 되었지."

"PD들에게는 신인을 발굴하는 안목이 필요하다더니……. 나 PD님은 안목도 뛰어나시군요."

김빛나 작가는 나 PD가 정말 능력 있다는 것을 새삼 느꼈지.

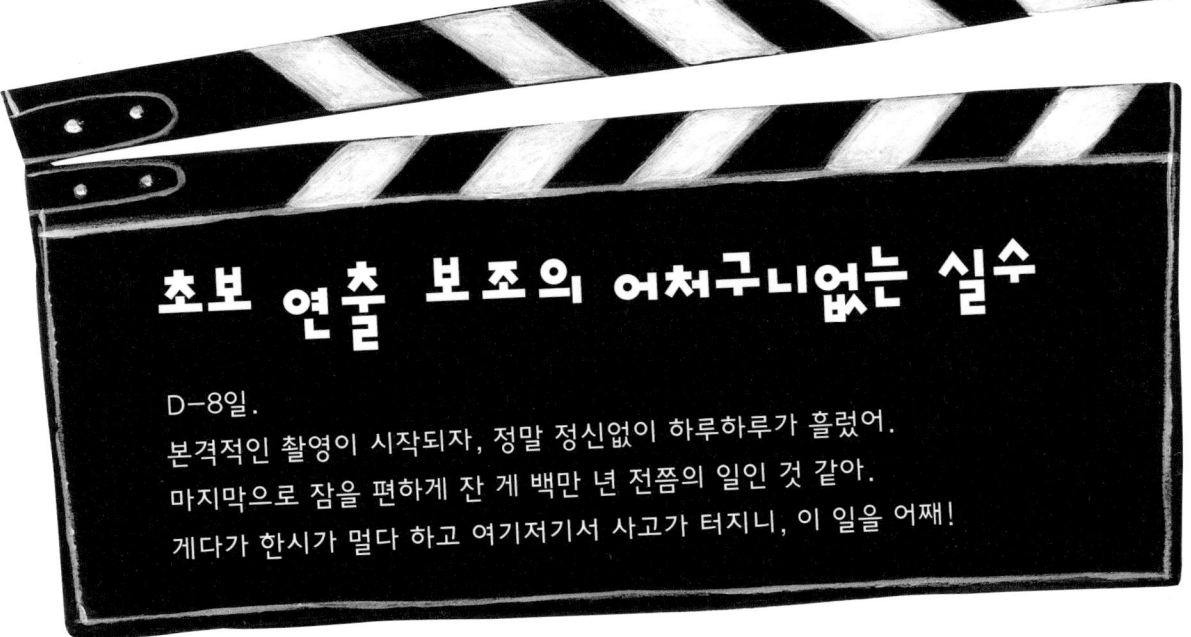

초보 연출 보조의 어처구니없는 실수

D-8일.
본격적인 촬영이 시작되자, 정말 정신없이 하루하루가 흘렀어.
마지막으로 잠을 편하게 잔 게 백만 년 전쯤의 일인 것 같아.
게다가 한시가 멀다 하고 여기저기서 사고가 터지니, 이 일을 어째!

 촬영을 하다 보면 갑작스런 위기 상황이 수없이 생겨. 오늘은 야외 촬영을 시작하는 날인데, 어젯밤부터 눈이 쏟아진 거야. 나 PD는 최우수 조연출에게 얼른 전화를 했어. 차가 막힐지도 모르니 촬영 장소로 출발하는 시간을 한 시간 앞당기고, 그 사실을 야외 촬영 제작진에게 모두 알리라고 말이야.

 일흔 명 정도의 제작진이 탄 버스 두 대와, 조명과 카메라를 실은 장비 차량 두 대가 눈을 뚫고 설원 스키장까지 오는 데 무려 일곱 시간이 걸렸어. 스키장 측과 약속한 시간보다 두 시간이나 늦게 도착했지.

 "자, 자, 빨리빨리!"

 나 PD가 제작진을 향해 크게 소리쳤어. 곳곳에 조명 기기가 세워졌고, 음향 제작진은 촬영에 앞서 장비들을 점검했어. 카메라 감독들은 각자의 촬영 위치로 흩어졌지. 나 PD는 중심이 되는 카메라 감독과 어떻게 촬영할 것인지에 대해 이야기를 나누었어. 또 화장과 코디네이션(의상, 화장, 액세서리, 구두 등을 전체적으로 조화롭게 갖추어 꾸미는 일)을 담당한 제작진은 출연자의 머리를 만지거나 화장을 고치느라 여념이 없었지.

무려 두 시간이 지나서야 촬영 준비가 모두 끝났어. 나 PD가 막 촬영 시작을 지시하려 할 때였지. 그런데 바로 그때, 나 PD는 강대한이 가지고 온 촬영 테이프를 보고 기절할 것만 같았어.

"이게 뭐야?"

"촬영 테이프인데요……."

"맙소사……. 최우수!"

나 PD가 부르는 소리에 최우수 조연출이 헐레벌떡 뛰어왔지. 최우수 조연출은 나 PD가 들고 있는 테이프를 보고 눈이 튀어나올 것만 같았어.

"으악! 너 이걸 야외 촬영 테이프라고 챙겨 온 거야?"

처음으로 야외 촬영을 나온 강대한이 이미 녹화된 테이프를 챙겨 온 거야. 나 PD는 자리에 털썩 주저앉아 뉘엿뉘엿 지는 해를 바라보았어.

"나 PD님, 죄송합니다. 제가 챙겼어야 했는데……."

최우수 조연출은 괴로운 얼굴을 하고는 고개를 푹 숙였지.
'프로그램을 책임지는 내가 하나부터 백까지 일일이 챙겼어야 했어. 급한 마음에 새 테이프가 준비되었는지 체크하지 않은 것이 문제였어. 오늘 촬영은 이대로 접어야 하는 걸까? 모든 촬영 준비를 마친 제작진에게는 뭐라고 말을 하지?'
나 PD는 눈앞이 캄캄했지.

방송될 날까지 시간이 얼마 남지 않았기 때문에 촬영을 미룰 수도 없었어. 그렇다고 다시 일곱 시간을 달려서 서울에 있는 JBS 방송국까지 갈 수도 없는 노릇이었지.

'자, 방법을 생각해 보자. 분명히 좋은 방법이 있을 텐데……. 아!'

순간 나 PD의 머릿속에 JBS 방송국 강릉 지국이 떠올랐어.

"최우수!"

한쪽 구석에서 머리를 쥐고 괴로워하던 최우수 조연출이 부리나케 뛰어왔지.

"여기에서 강릉 지국까지 거리가 얼마나 될까?"
"차로 왔다 갔다 한 시간 반 정도 걸릴 거예요.
그런데 왜……?"
최우수 조연출은 나 PD가 왜 그런 질문을 하는지 몰라서
어리둥절했어. 그사이 나 PD는 강릉 지국으로 전화를 걸었지.
"네. 아, 감사합니다."
나 PD는 전화를 끊은 뒤 최우수 조연출에게 말했어.
"최우수! 강릉 지국에서 새 테이프 50개를 빌려 줄 수 있대. 중간
지점에서 만나기로 했으니까, 지금 당장 출발해!"
이렇게 초보 연출 보조의 실수는 나 PD의 순발력으로 잘
마무리되었지.
"그 상황에서 어떻게 그런 기발한 생각이 떠올랐을까? 게다가
고함도 안 지르고 차분하게 처리하는 거 봤어? 대단해."
"역시 예능 프로그램 PD는 순발력이 최고 덕목인가 봐!"
카메라 감독들과 음향 감독, 조명 감독 등 여러 제작진이 나 PD의
침착성과 순발력에 다시 한 번 감탄했어.

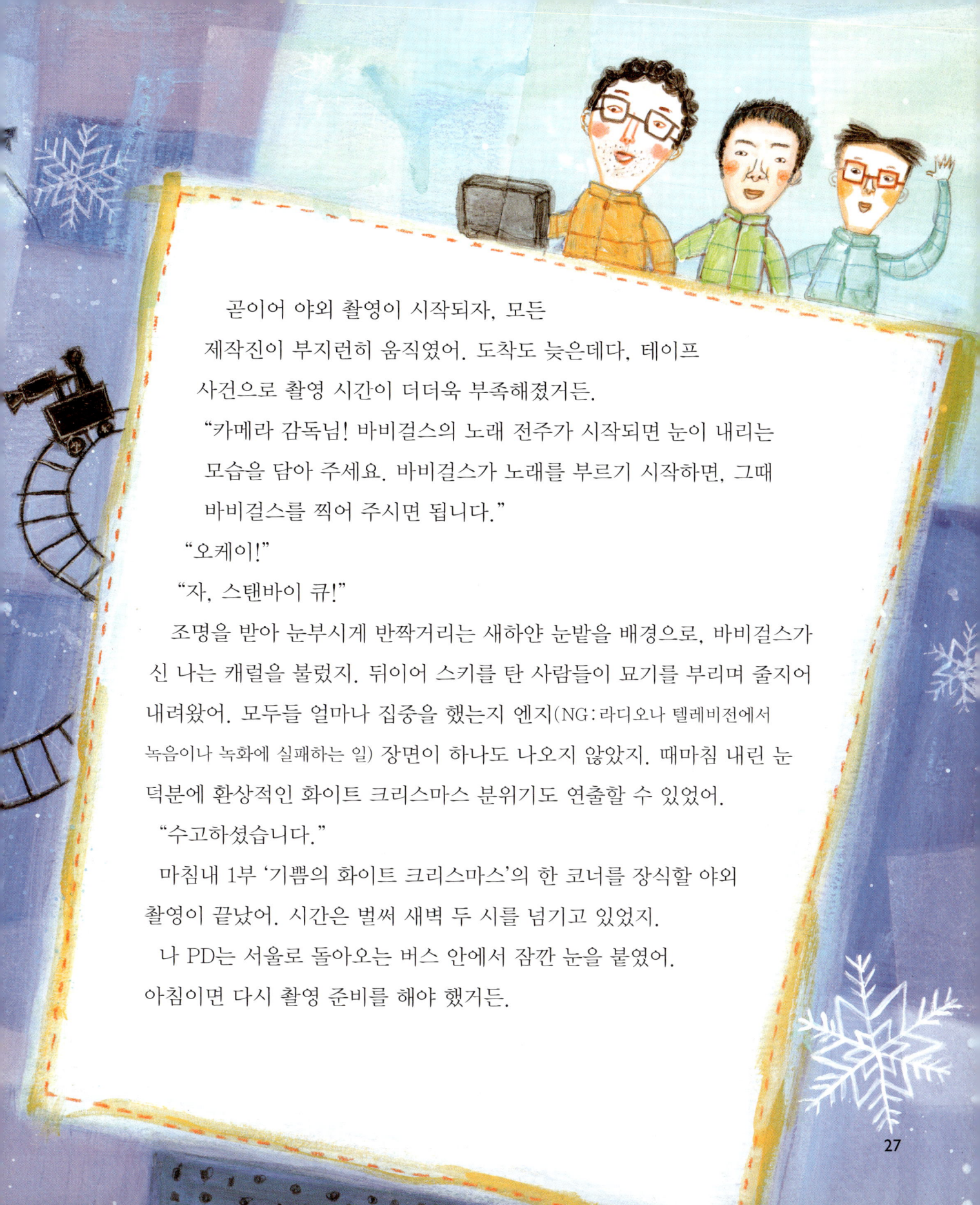

　　　곧이어 야외 촬영이 시작되자, 모든 제작진이 부지런히 움직였어. 도착도 늦은데다, 테이프 사건으로 촬영 시간이 더더욱 부족해졌거든.
"카메라 감독님! 바비걸스의 노래 전주가 시작되면 눈이 내리는 모습을 담아 주세요. 바비걸스가 노래를 부르기 시작하면, 그때 바비걸스를 찍어 주시면 됩니다."
"오케이!"
"자, 스탠바이 큐!"
　조명을 받아 눈부시게 반짝거리는 새하얀 눈밭을 배경으로, 바비걸스가 신 나는 캐럴을 불렀지. 뒤이어 스키를 탄 사람들이 묘기를 부리며 줄지어 내려왔어. 모두들 얼마나 집중을 했는지 엔지(NG : 라디오나 텔레비전에서 녹음이나 녹화에 실패하는 일) 장면이 하나도 나오지 않았지. 때마침 내린 눈 덕분에 환상적인 화이트 크리스마스 분위기도 연출할 수 있었어.
"수고하셨습니다."
　마침내 1부 '기쁨의 화이트 크리스마스'의 한 코너를 장식할 야외 촬영이 끝났어. 시간은 벌써 새벽 두 시를 넘기고 있었지.
　나 PD는 서울로 돌아오는 버스 안에서 잠깐 눈을 붙였어. 아침이면 다시 촬영 준비를 해야 했거든.

두 번째 야외 촬영 장소는 '센트럴 호텔'이야. 이곳에는 우리나라에서 가장 큰 크리스마스트리가 있어서, 크리스마스 분위기를 연출하기에 안성맞춤이었지. 미리 섭외한 마흔여덟 명의 아이들이 산타 복장을 한 뒤에, 트리 앞에서 캐럴을 부르며 춤을 출 거야. 물론 이 장소도 호텔 측에 미리 이야기해서 섭외했지.

"호텔 측에서 약속한 시간 안에 촬영을 끝내 달라고 합니다. 너무 오랜 시간 동안 호텔 로비를 막아 두면, 호텔을 이용하는 고객들이 항의할 수 있다고요."

호텔로 이동하는 동안 최우수 조연출이 나 PD에게 말했어.

아이들과 촬영을 하는 건 쉽지 않은 일이야. 아이들은 통제하기가 힘들기 때문에, 그 어떤 촬영에서보다 예상하지 못한 일들이 많이 생기거든. 그래서 늘 계획한 것보다 더 많은 시간이 걸리곤 해.

카메라 위치와 각도를 고려해 트리가 가장 잘 보이는 호텔 로비에 무대를 세웠어. 마흔여덟 명의 아이들도 차례차례 무대 위로 올라갔지. 아이들은 무대로 올라가면서도 계속 재잘거렸어.

"자, 촬영 시작하겠습니다."

강대한이 큰 소리로 외치고는 모니터 앞에 앉아 있는 나 PD에게 달려왔어.

"감독님, 촬영 준비 끝났습니다."

"오케이! 시작하자!"

나 PD의 시작 신호와 함께 음악이 흘러나왔어. 동시에 촬영도 시작되었지. 이제 겨우 네다섯 살밖에 되지 않은 아이들이 노래를 부르며 능숙하게 춤을 추기란 쉬운 일이 아니었어. 그래서 카메라 뒤에 아이들에게 춤을 가르치던 강사를 대기시켰지. 아이들이 강사의 춤을 보면서 따라 할 수 있게 말이야. 아이들은 강사와 함께 여러 번 연습을 하고, 촬영을 하고, 다시 호흡을 맞추고, 또다시 촬영하는 과정을 반복했어.

나 PD는 인내심을 가지고, 아이들이 노래를 부르고 춤을 추는 모습을 바라보았지. 하지만 촬영 시간이 길어질수록 아이들의 집중력도 떨어졌어. 촬영은 다시 여러

번 중지되었지. 그러는 사이 호텔과 약속한 시간을 훌쩍 넘기고 말았어.

 약속 시간을 얼마나 넘겼을까? 호텔 직원이 인상을 잔뜩 찌푸린 채 달려왔어.

"저희 고객들에게 항의가 들어오면 곤란해요. 호텔이 워낙 조용한 곳이라……."

"네, 알겠습니다. 조금만 더 촬영하고 돌아갈 테니까 양해해 주십시오."

 나 PD는 호텔 직원에게 간곡하게 말하고는 제작진을 향해 큰 소리로 외쳤지.

"한 번만 더 찍겠습니다!"

아이들의 노래와 춤이 열 번쯤 더 반복되었을 때였어. 갑자기 커다란 박수와 환호성이 터져 나왔어. 어느 틈에 많은 손님들이 촬영장 주변에 모여들어 촬영하는 모습을 지켜보고 있었던 거야.

"정말 멋져요! 크리스마스 분위기가 물씬 나네요."

호텔을 드나드는 외국 관광객들도 귀엽다며 박수를 쳤어.

뜻하지 않은 박수를 받자, 아이들도 덩달아 즐거워했어. 물론 나 PD도 기분이 우쭐했지. 호텔 직원의 얼굴빛도 한결 밝아졌어.

아이들은 힘이 났는지 더 열심히 노래를 부르며 춤을 추었지. 그 결과 꼬마 산타들의 촬영이 무사히 끝났어. 나 PD가 한숨 돌리려던 순간, 전화 한 통이 걸려 왔어.

"아! 유일한? 그래, 어떻게 됐어?"

유일한 조연출이 핀란드의 로바니에미에서 해외 촬영을 마치고 나 PD에게 전화를 한 거야.

"그래? 수고했어."

유일한 조연출과 전화 통화를 끝내자마자, 루미도 전화를 했어.

"나 PD님! 촬영하면서 이렇게 감동하긴 처음이에요!"

나 PD의 얼굴에 다시 한 번 환한 웃음이 번졌어.

나 PD의 제작 수첩

해외 현지 촬영

우리나라가 아닌 해외에서 하는 야외 촬영을 말해요. 우리나라에서 볼 수 없는 자연환경 등이 필요하거나, 외국을 배경으로 하는 이야기가 전개될 때 해외로 현지 촬영을 떠나곤 해요. 많은 제작진이 한꺼번에 움직이고 정해진 기간 안에 촬영을 해야 하므로 철저한 준비가 필요하지요.

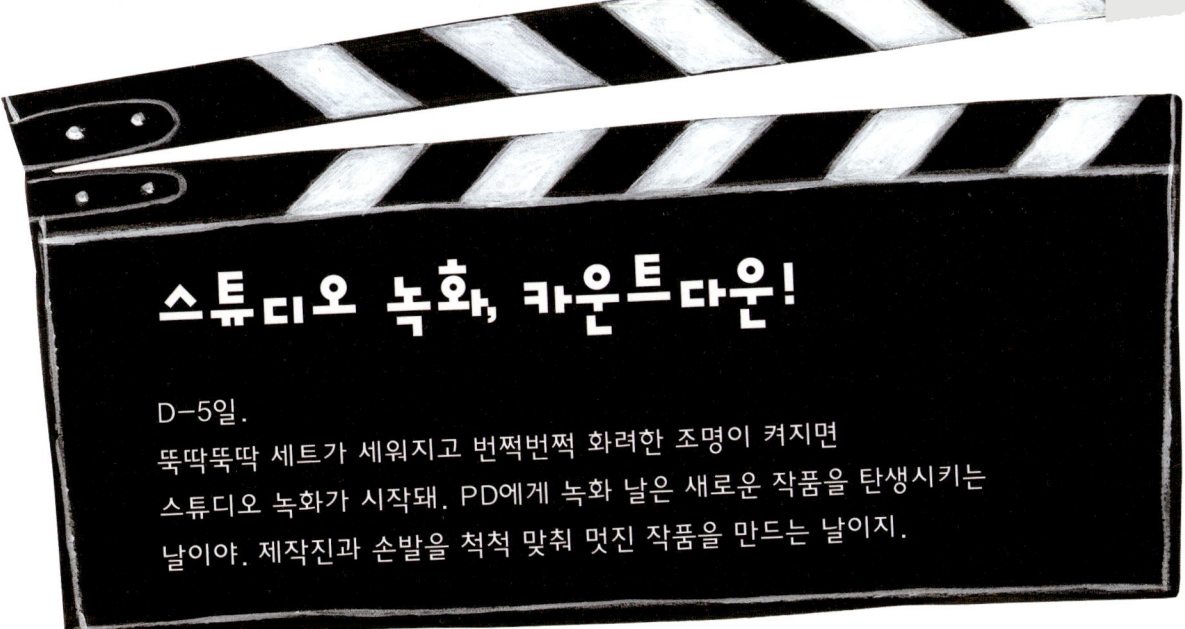

스튜디오 녹화, 카운트다운!

D-5일.
뚝딱뚝딱 세트가 세워지고 번쩍번쩍 화려한 조명이 켜지면 스튜디오 녹화가 시작돼. PD에게 녹화 날은 새로운 작품을 탄생시키는 날이야. 제작진과 손발을 척척 맞춰 멋진 작품을 만드는 날이지.

뚝딱뚝딱 탁탁! 쿵쿵쿵 탁탁!

JBS 방송국에서 가장 큰 스튜디오 두 곳이 소음으로 가득 찼어. 내일 이곳에서 크리스마스 특집 쇼 프로그램을 녹화할 예정이거든. 그래서 지금 세트(영화, 텔레비전 드라마 등의 촬영에 쓰기 위하여 꾸민 여러 장치)를 짓고 있는 중이야.

나 PD는 세트를 짓기 전에 미술, 영상, 조명 등 각 분야의 담당자들과 여러 차례 회의를 했어. 연출 팀과 함께 기획한 내용을 세트로 만들 수 있는지 정확히 알아야 하거든. 회의가 끝나면, 그 결과대로 세트실 직원들이 세트를 만들어. 나 PD는 무대 감독과 상의하면서 자신이 계획한 대로 잘 만들어지고 있는지 살펴보았지.

하루가 꼬박 지나서야 두 스튜디오의 세트가 완성되었지. 첫 번째 스튜디오에 세워진 세트는 온통 하얀색으로 꾸며져 밝고 환한 분위기가 났어. 두 번째 스튜디오에 세워진 세트는 온통 빨간색으로 꾸며졌는데, 나 PD가 머릿속에 떠올린 바로 그 모습이었어.

"완벽해!"

나 PD는 완성된 세트를 가만히 바라보며 미리 작성한 콘티를 떠올려 보았어. 콘티는 화면을 어떻게 구성할지, 출연자를 어떻게 움직이게 할지, 카메라를 어떻게 이동시킬지 등을 미리 계획해 놓은 대본이야. 녹화 시간이 다가오자, 스튜디오는 출연자와 제작진으로 북적거리기 시작했어. 조명 팀은 스튜디오 천장에 달린 조명 기기를 하나하나 점검했고, 음향 팀은 출연자들에게 달아 줄 무선 마이크가 제대로 작동하는지 꼼꼼히 살펴보았어.
"자, 리허설 시작합니다!"
녹화에 들어가기 전에는 꼭 연습을 먼저 해. 그걸 리허설이라고 하지. 나 PD는 대본을 들고 리허설을 진행했어.
"중앙의 6번 카메라는 세트 전체를 비춰 주세요."
나 PD는 리허설이 끝난 뒤에, 여섯 대의 카메라를 책임질 카메라 감독들과 촬영 방법이나 카메라의 배치에 대해 다시 한 번 논의했어.
"이제 부조정실로 가야겠다."
나 PD는 스튜디오의 최종 상황을 점검한 뒤 부조정실로 올라갔어.

스튜디오마다 하나씩 있는 부조정실은 스튜디오에서 촬영하는 프로그램의 영상과 음향을 전체적으로 조정하는 곳이야. 예닐곱 명의 기술 담당자가 그곳에서 프로그램의 화질을 수정하고, 음향을 조정하고, 조명을 조절하는 등의 일을 하지. 물론 이 모든 일을 총괄하는 사람은 나 PD야.

"자, 녹화 시작하겠습니다."

나 PD가 스튜디오의 부조정실로 올라간 뒤, 최우수 조연출이 스튜디오의 모든 사람에게 들릴 만큼 큰 소리로 외쳤어.

"3번 카메라! 두 사회자를 잡아 주세요."

나 PD는 기계에 연결된 마이크에 대고 말했어. 나 PD의 목소리는 스튜디오에서 촬영하고 있는 카메라 감독에게 전해졌지. 곧 3번 카메라가 찍은 사회자의 모습이 모니터에 나타났어.

"자, 천천히, 음악 들어갑니다."

나 PD의 말이 끝나기가 무섭게 기술 담당자가 미리 준비한 음악을 틀었지. 스튜디오에는 잔잔한 캐럴이 울려 퍼졌어.

나 PD는 그 어느 때보다 스튜디오 녹화에 집중했어. 녹화 방송은 다시 촬영할 기회가 있기 때문에 생방송에 비해 덜 긴장하는 사람들도 있어. **하지만 긴장을 늦추어서는 안 돼. 여러 가지 장비와 수십 명의 인원이 동시에 움직여야 하기 때문에 자칫하면 큰 사고가 날 수도 있거든.**

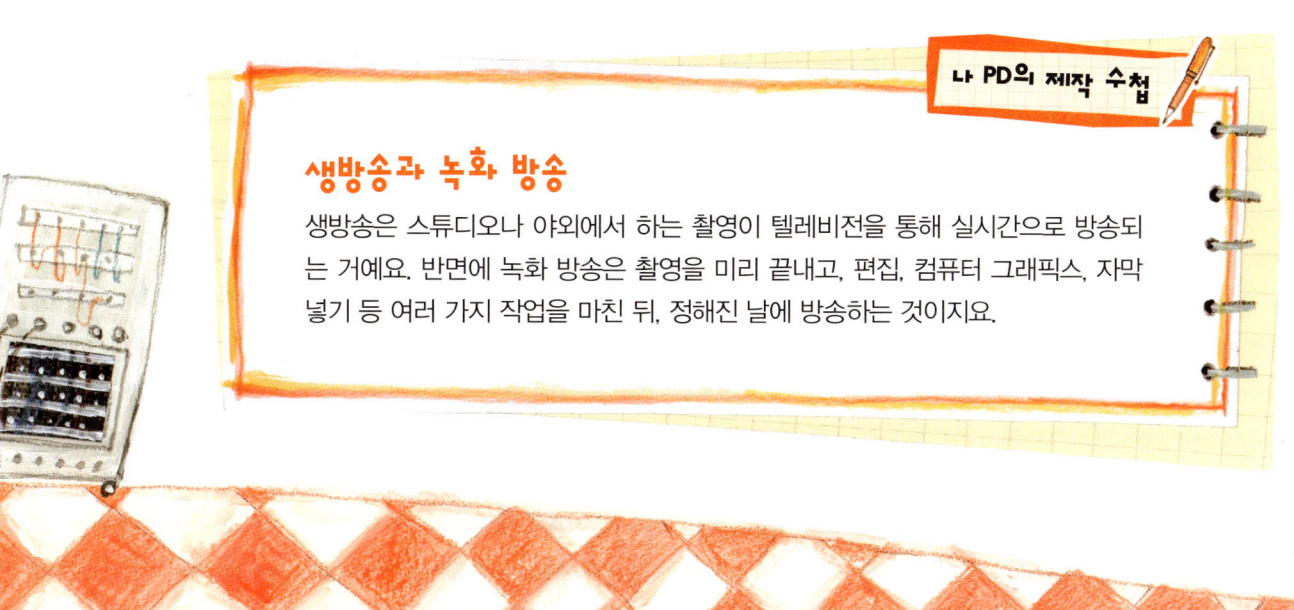

나 PD의 제작 수첩

생방송과 녹화 방송

생방송은 스튜디오나 야외에서 하는 촬영이 텔레비전을 통해 실시간으로 방송되는 거예요. 반면에 녹화 방송은 촬영을 미리 끝내고, 편집, 컴퓨터 그래픽스, 자막 넣기 등 여러 가지 작업을 마친 뒤, 정해진 날에 방송하는 것이지요.

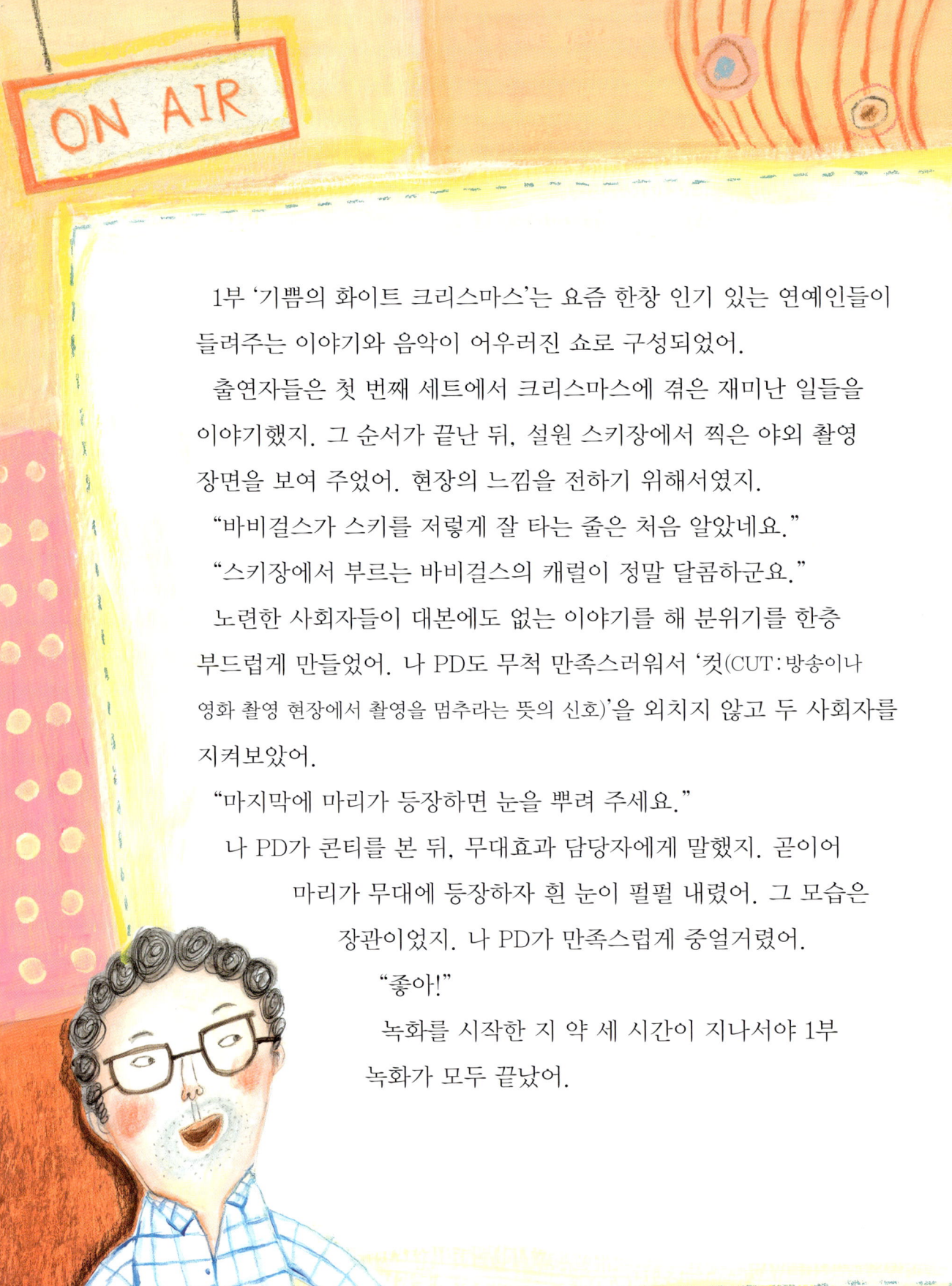

1부 '기쁨의 화이트 크리스마스'는 요즘 한창 인기 있는 연예인들이 들려주는 이야기와 음악이 어우러진 쇼로 구성되었어.

출연자들은 첫 번째 세트에서 크리스마스에 겪은 재미난 일들을 이야기했지. 그 순서가 끝난 뒤, 설원 스키장에서 찍은 야외 촬영 장면을 보여 주었어. 현장의 느낌을 전하기 위해서였지.

"바비걸스가 스키를 저렇게 잘 타는 줄은 처음 알았네요."

"스키장에서 부르는 바비걸스의 캐럴이 정말 달콤하군요."

노련한 사회자들이 대본에도 없는 이야기를 해 분위기를 한층 부드럽게 만들었어. 나 PD도 무척 만족스러워서 '컷(CUT:방송이나 영화 촬영 현장에서 촬영을 멈추라는 뜻의 신호)'을 외치지 않고 두 사회자를 지켜보았어.

"마지막에 마리가 등장하면 눈을 뿌려 주세요."

나 PD가 콘티를 본 뒤, 무대효과 담당자에게 말했지. 곧이어 마리가 무대에 등장하자 흰 눈이 펄펄 내렸어. 그 모습은 장관이었지. 나 PD가 만족스럽게 중얼거렸어.

"좋아!"

녹화를 시작한 지 약 세 시간이 지나서야 1부 녹화가 모두 끝났어.

 이제 곧 두 번째 세트에서 '감동의 레드 크리스마스'라는 주제로 2부 녹화를 시작하려고 해.
 "자, 녹화 시작합니다."
 최우수 조연출의 목소리가 스튜디오에 쩌렁쩌렁 울렸어. 그런데 그때 강대한이 나 PD를 향해 아주 다급하게 뛰어왔어.
 "나 PD님! 갑자기 드림 박스가 작동을 안 해요."
 "뭐? 그게 무슨 소리야?"
 "분명히 조금 전까지는 멀쩡했는데……. 고장이 난 것 같아요."
 강대한의 얼굴은 거의 울상이 되었어.
 드림 박스는 2부 내용에서 빼놓을 수 없는 중요한 소품이야. 출연자들의 소원을 이루어 주는 상자거든. 한 사람씩 드림 박스 앞에 서서 크리스마스 때 갖고 싶은 선물을 말하면, 드림 박스의 뚜껑이 자동으로 열리면서 그 선물을 보여 줄 예정이었지.
 그런데 드림 박스가 작동이 안 된다니……. 또 하나의 큰 사고가 난 거야!

"조금 전까지는 분명히 작동이 잘 되었는데……."

나 PD는 불안해서 어쩔 줄 모르는 강대한의 표정을 보자, 화를 내서는 안 되겠다는 생각이 들었어. 프로그램을 진행하다 보면 갑자기 기계 고장이 날 때가 많거든. 그때마다 연출 보조의 책임이라고는 할 수 없지. 나 PD는 일단 강대한을 안심시켜야 한다고 생각했어.

"괜찮아, 강대한. 뚜껑에 줄을 달아 천장에서 당기는 걸로 하자. 줄은 컴퓨터 그래픽스로 지우면 되니까."

"알겠습니다, 나 PD님."

텔레비전 프로그램에서 컴퓨터 그래픽스는 자주 쓰는 기술이야. 비나 눈이 내리는 효과, 공룡이나 괴물이 나타나는 효과, 하늘을 나는 장면에서 몸에 달려 있는 줄을 지울 때도 컴퓨터 그래픽스 기술을 사용하지.

"일단 녹화가 중요하니까 어서 내려가서 준비해."

"네! 나 PD님."

강대한은 안도의 한숨을 내쉬며 스튜디오로 내려갔어.

2부는 장작불이 빨갛게 타오르는 벽난로를 비추는 것으로 시작되었고, 그렇게 촬영은 무사히 끝이 났어.

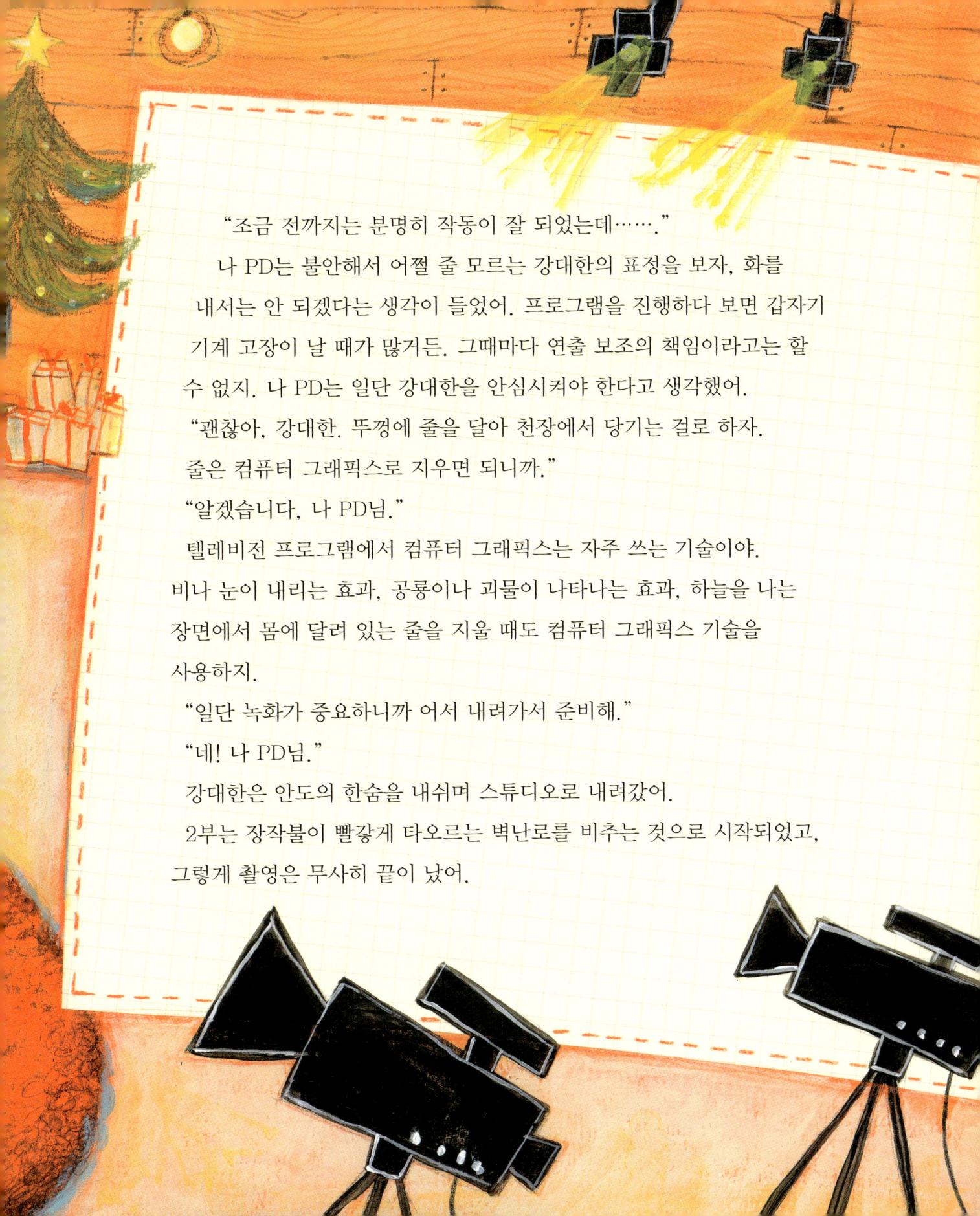

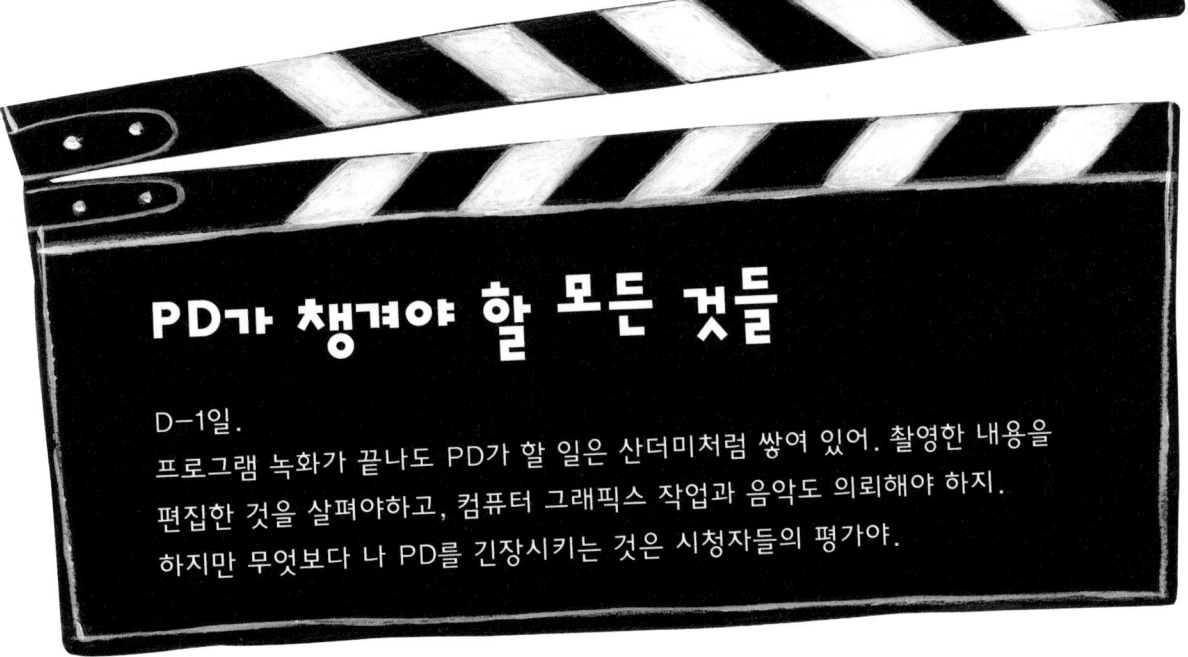

PD가 챙겨야 할 모든 것들

D-1일.
프로그램 녹화가 끝나도 PD가 할 일은 산더미처럼 쌓여 있어. 촬영한 내용을 편집한 것을 살펴야하고, 컴퓨터 그래픽스 작업과 음악도 의뢰해야 하지. 하지만 무엇보다 나 PD를 긴장시키는 것은 시청자들의 평가야.

녹화가 끝났지만 나 PD는 한숨 돌릴 여유가 없었어. 여기저기에서 프로그램의 예고편(영화나 텔레비전 프로그램 등의 내용을 선전하기 위하여 그 내용의 일부를 뽑아 모은 것)을 만들어 달라, 신문이나 잡지에 홍보할 내용을 준비해 달라고 나 PD를 찾았거든.

"의뢰한 컴퓨터 그래픽스 작업은 언제 완성되지?"

"오늘 오후쯤이오."

야외 촬영과 스튜디오 촬영으로 얻어 낼 수 없는 화면은 컴퓨터 그래픽스의 도움을 받기도 해. 나 PD는 오늘 오후에 컴퓨터 그래픽스실에서 완성한 화면을 프로그램에 적절하게 끼워 넣는 일을 할 거야.

"자막은 내용 정리해서 맡겼어?"

"네. 김 작가님이 도와주셔서 벌써 끝냈어요."

방송 프로그램에 빠지지 않고 나오는 자막은 연출 팀이 촬영 내용을 보면서 재미있는 문장을 생각해 낸 뒤, 컴퓨터 그래픽스 담당자에게 맡기는 거야.

"배경 음악도 가편집 테이프 보고 결정해서, 내일 아침까지 달라고 해."

나 PD와 두 조연출은 녹화 테이프와 야외 촬영 테이프를 한 아름씩 들고 편집실로 내려갔어. 그러고는 편집을 시작했지. 이제껏 촬영한 긴 내용을 두 시간 분량으로 편집을 해야 해.

"저 부분에다 리본 모양을 넣기로 했지?"

나 PD는 컴퓨터 그래픽스로 작업한 화면을 미리 정한 장면에 끼워 넣었어. 자막도 적절히 넣었지.

나 PD는 장면과 장면을 연결하고, 끊고, 그 틈새에 다른 장면을 넣는 등 편집을 계속했어. 그러고 나서 편집 감독과 함께 배경 음악, 컴퓨터 그래픽스, 자막 넣기 등의 작업을 했지. 한참 동안의 시간이 흐르고 나서야 마침내 편집 과정이 끝났어. 드디어 한 편의 쇼 프로그램이 완성된 거야.

밤을 꼬박 새운 나 PD의 눈이 토끼 눈처럼 빨개졌지.

"수고 많으셨습니다."

나 PD가 함께 일한 사람들에게 인사말을 건넸어.

"역시 나 PD답군! 프로그램이 아주 좋아!"

편집 감독이 나 PD를 향해 엄지손가락을 치켜세웠지. 나 PD는 멋쩍게 웃으며 편집실을 나왔어.

이제 나 PD의 모든 일이 끝났어. 내일 저녁이면 그동안 고생해서 만든 크리스마스 특집 프로그램이 방송될 거야. 이제 시청자들의 냉정한 평가를 기다리는 일만 남았지.

나 PD는 예능국 사무실을 나서며 최우수와 유일한 두 조연출을 향해 말했어.

"자, 난 이제 집에 들어간다. 내일까지 별일 아닌 일로 날 찾는 사람은 각오해!"

"예, 걱정 마십시오."

"감독님, 수고 많으셨습니다."

시청률은 어떻게 집계될까?

시청률은 같은 시간대에 방송되는 여러 방송국의 프로그램 가운데 시청자들이 어떤 프로그램을 얼마나 많이 보느냐를 수치로 나타낸 거예요.
일정 수의 가구를 선정한 뒤에, 그 가구의 텔레비전에 시청률 조사기를 설치해요. 이 기계는 하루 동안 텔레비전의 채널이 어떻게 변화되는지, 그 가구의 사람들이 어떤 방송국의 무슨 프로그램을 보는지 조사해서 조사 기관에 알려 주지요. 이렇게 모인 결과가 바로 시청률이랍니다.

"어! 눈이잖아?"

다음 날, 나 PD가 방송국에 도착할 무렵 눈발이 날렸어. 거리는 온통 캐럴과 반짝이는 불빛으로 가득했지.

"정말 화이트 크리스마스가 되겠구나!"

그런데 어쩐 일인지 방송국이 다른 때보다 무척 한산했어. 예능국 사무실도 텅 비어 있었지. 나 PD는 구석에 마련된 소파에 편하게 기대어 앉아 텔레비전을 켰어. JBS 방송국의 크리스마스 특집 방송이 시작하기 전, 광고가 흘러나오고 있었지.

나 PD는 지금처럼 아무도 없는 공간에 홀로 앉아 자신이 만든 프로그램을 보는 걸 좋아해. 조금 더 객관적으로 프로그램을 감상할 수 있거든.

프로그램 1부가 유쾌하게 마무리되고, 2부 시작과 함께 '산타 마을로 날아간 크리스마스카드' 편이 나올 차례야.

나 PD는 급박한 일정 때문에 해외 현지 촬영을 직접 가지 못해서 걱정이 많이 되었지. 하지만 유일한 조연출이 가져 온 테이프를 보고 나서 괜한 걱정을 했다는 생각이 들었어. 그만큼 촬영 내용이 마음에 들었거든.

나 PD는 해외 촬영 장면을 볼 생각에 자세를 고쳐 앉았어.

2부는 우리나라의 섬마을을 비추는 것으로 시작했어. 섬마을 아이들이 핀란드의 산타 마을 로바니에미의 아이들에게 보내는 크리스마스카드를 직접 만들었어. 아이들은 작은 크리스마스트리에 카드를 하나씩 걸었지. 물론 밝게 웃는 루미가 아이들과 함께했어.

루미는 섬마을 아이들이 직접 꾸민 크리스마스트리를 가지고 핀란드로 날아갔어. 크리스마스를 맞은 로바니에미의 거리 풍경이 이어졌고, 루미는 그 작은 마을 한복판에 크리스마스트리를 세웠지.

크리스마스트리에는 이런 팻말을 달았어.
"한국의 어린이들이 로바니에미의 어린이들에게 보내는 크리스마스카드!"
낯선 크리스마스트리를 발견한 로바니에미의 아이들은 저마다 카드를 한 장씩 가지고 갔어. 언어는 달랐지만 아이들이 좋아하고 감동하는 모습이 화면에 비춰졌지.
곧이어 그곳 유치원 선생님을 인터뷰하는 장면이 나왔어.
"오! 우리 유치원 아이들이 한국의 아이들에게 멋진 선물을 받고 가만히 있을 수가 없다고 하더군요. 그래서 작은 선물이라도 하려고요."
감동에 젖은 루미의 표정과 함박웃음을 짓는 선생님의 얼굴이 화면 가득 펼쳐졌어. 뒤이어 로바니에미의 아이들이 재잘거리며 웃고 있는 모습이 나왔지.

배경 음악으로 '징글벨'이 흐르고, 화면은 다시 섬마을을 비추었어. 루미는 섬마을 아이들에게 로바니에미에서 가지고 온 크리스마스트리를 전했지. 아이들은 깜짝 놀라며, 로바니에미의 아이들이 크리스마스트리에 단 작은 선물들을 풀어 보았어. 매우 행복해하는 아이들의 표정과 따뜻한 음악을 배경으로 프로그램은 끝이 났지.

나 PD는 자신도 모르게 안도의 한숨을 내쉬었지. 그런데 바로 그때였어. 갑자기 예능국 사무실의 문이 열리면서 환호와 함께 박수 소리가 들려왔어. 함께 고생한 연출 팀이 들어온 거야.

"나 PD님! 메리 크리스마스! 방송을 본 소감이 어떠세요?"

"다시 보니 감동인걸. 다들 고생 많았어."

강대한이 나 PD 앞으로 촛불이 켜진 케이크를 들고 왔어. 나 PD는 모두와 함께 촛불을 껐지.

"나 PD님! 시청자 게시판에 들어가 보셨어요? 시청자들 반응이 벌써부터 대단해요."

"그래? 이제 막 방송이 끝났는데?"

나 PD는 얼른 컴퓨터를 켰어. 프로그램 홈페이지에 들어가 보니, 과연 최우수 조연출의 말대로 시청자들의 반응이 뜨거웠지.

"특별한 크리스마스 프로그램이었어요!"

"정말 감동적이었어요!"

나 PD는 자신이 만든 프로그램이 사람들을 행복하게 했다는 생각이 들자, 그동안 쌓인 피로가 한순간에 사라지는 느낌이 들었어. 새삼 PD라는 직업을 가진 것이 자랑스럽고 뿌듯했지.

"내가 직업 하나는 잘 선택한 것 같아. 하하하."

방송국을 탐방한다!

방송국 구석구석에는 재미난 곳이 아주 많아요. 촬영에 쓰일 여러 가지 물건을 보관하고 있는 '소품실', 출연자들이 입을 옷을 준비하는 '의상실', 하루 종일 망치 소리가 끊이지 않는 '세트장' 등 구경할 곳이 아주 많지요. 자, 이제부터 방송국에 숨겨진 곳곳을 한번 살펴볼까요?

세트장

'세트 제작실'이라고도 해요. 텔레비전에 나오는 무대나 집 안 배경 등은 모두 이곳에서 만들어요. 목공소에서처럼 나무를 자르고, 못을 박고, 장식하면 아주 멋진 세트가 완성됩니다. 하지만 촬영이 끝나면 다시 허물고, 새로운 촬영을 위한 세트가 세워져요.

소품실

프로그램을 촬영할 때 필요한 여러 종류의 물건들을 보관하는 곳이에요. 옛날 돈에서 조선 시대 도자기까지 없는 게 없지요. 만약 제작진이 소품실에 없는 물건을 주문하면, 소품실 직원들은 전국 방방곡곡을 헤매서라도 촬영하기 전까지 물건을 구해다 주지요.

조리실

텔레비전에서 출연자들이 맛있는 음식을 먹는 장면을 본 적이 있지요? 이곳은 프로그램에 필요한 모든 음식을 만드는 곳이에요. 촬영 내용에 필요한 음식이 무엇인지 미리 점검하고 준비하지요.

분장실

출연자들이 촬영 전에 프로그램의 특징과 자신의 역할에 맞게 분장을 하는 곳이에요. 오락 프로그램에 출연하는 출연자들은 간단한 분장을 하기도 하지만, 특이한 역할을 맡은 사람은 특수 분장을 하기도 해요.

공개홀

관객들이 앉을 수 있는 좌석과 출연자들이 공연하는 무대가 마련되어 있는 곳이에요. 이곳에서는 주로 음악 프로그램이나 개그 프로그램과 같이 관객들의 반응이 필요한 프로그램을 촬영해요. 극장과 비슷한 곳이라고 할 수 있지요.

의상실

출연자들이 입을 옷을 보관하는 곳이에요. 이곳에는 고대 국가 의상에서부터 세계 여러 나라의 민속 의상, 모자, 신발 등 없는 게 없을 정도로 많은 의상들이 준비되어 있어요. 새로운 디자인의 옷이 필요할 때는 의상실 직원들이 직접 만들기도 해요.

우리는 종합 예술인!

혹시 방송국의 야외 촬영 현장을 직접 본 적이 있나요? 한 편의 프로그램을 만들기 위해 촬영에 참여하는 제작진의 수는 엄청 많아요. 그 많은 사람이 카메라 뒤에서 무슨 일을 하는지 지금부터 알아볼까요?

음향 팀

촬영 현장에서 크고 기다란 마이크를 들고 여기저기 바쁘게 옮겨 다니는 사람들을 본 적이 있나요? 바로 촬영 내용에 필요한 모든 소리를 마이크로 담아내는 음향 팀이에요. 야외 촬영 현장에서는 주로 출연자들의 목소리와 현장의 소리 등을 깨끗하게 녹음하는 일을 해요. 스튜디오 녹화나 편집 과정에서는 각양각색의 소리를 더하는 일을 하지요.

촬영 팀

프로그램을 만드는 데 아주 중요한 역할을 하는 팀으로, 출연자의 모습이나 자연의 풍경 등을 카메라에 생생하게 담는 일을 해요. 보통 한 대의 카메라에 카메라 감독과 카메라 감독을 보조하는 사람이 한 명씩 조를 이루어 일을 해요. 카메라 감독은 PD와 수시로 상의하며 멋진 영상을 담을 수 있는 각도를 찾아 촬영해요. 프로그램 하나를 만드는 데 여러 대의 카메라가 사용된답니다.

조명 팀

조명 팀은 촬영에 필요한 빛을 비춰 줘요. 햇빛이 있는 야외에서는 햇빛의 방향과 세기 등을 조절하고, 햇빛이 없는 실내에서는 조명 기구를 이용해 출연자의 가장 빛나는 모습을 카메라에 담을 수 있도록 빛을 비춰 주지요.

의상 팀

출연자가 프로그램과 역할에 맞는 옷을 입을 수 있게 준비하는 팀이에요. 의상 팀은 촬영 전에 미리 필요한 옷과 개수를 정확하게 파악해 꼼꼼하게 챙겨서 촬영장에 가요. 그런 뒤 옷, 모자, 신발 등을 출연자들에게 나눠 주고, 알맞게 착용했는지 점검하는 일을 한답니다.

이 외에도 분장을 책임지는 분장 팀, 소품을 담당하는 소품 팀, 출연자 개개인의 코디네이터와 매니저 등 여러 제작진이 있어요. 이렇게 다양한 분야의 전문가들이 함께 만들어 내는 방송 프로그램이야말로 종합 예술의 결정체이지요.

방송국의 PD들 모여라!

방송국에 있는 PD들이 모두 똑같은 일을 하는 것은 아니에요.
어떤 프로그램을 만드느냐에 따라 PD가 하는 일도 조금씩 다르답니다.
방송국에 있는 다양한 PD들을 지금부터 만나 보세요.

예능 PD

연예인들이 많이 나오는 쇼 오락 프로그램을 만드는 PD예요. 예능 프로그램이 '재미'를 위주로 하기 때문에, PD 역시 끼가 많고 반짝반짝 빛나는 아이디어가 풍부한 사람들인 경우가 많답니다.

시사·교양 PD

시사·교양 프로그램은 '재미'보다는 '의미'에 중점을 두어요. 그래서 시사·교양 PD는 우리 사회에서 일어나는 사건·사고나 자연, 과학, 교육, 역사 등의 분야에서 기자와 같이 취재하고 보도하는 일을 하지요. 시사·교양 PD가 프로그램에서 다루는 주제는 뉴스보다 훨씬 더 자세하기 때문에 시청자들에게 생각할 거리를 제공해 주어요.

스포츠 PD

스포츠 중계에서 가장 중요한 것은 바로 스포츠의 생생함을 전하는 일이에요. 스포츠 PD는 경기를 보다 효과적으로 안방에 전달하는 일을 책임지고 진행하는 사람이지요. 위성 중계가 가능한 요즘은 해외에서 하는 스포츠 프로그램을 선별하여, 방송으로 내보내기도 해요. 또한 스포츠와 관련된 프로그램을 만들기도 하지요.

드라마 PD

말 그대로 텔레비전에서 방영하는 드라마를 만드는 PD예요. 작가가 대본을 쓰면, 그 대본에 맞는 배역을 선정하고, 촬영지를 선택하며, 연기자의 연기를 지도하는 등 한 편의 드라마를 완성하는 데 필요한 모든 일을 지휘하지요.

라디오 PD

라디오 PD는 라디오에서 나오는 음악, 시사, 뉴스 프로그램 등을 만들고 감독하는 사람이에요. 텔레비전보다 제작 과정은 단순하지만, 오직 '소리'로만 프로그램의 모든 것을 담아야 하기 때문에 어려운 점도 많아요. 또 생방송으로 진행되는 프로그램이 많기 때문에 한 순간도 긴장을 놓아서는 안 된답니다.

영화 PD

영화 PD는 외국 영화나 드라마를 우리말로 바꾸어 다시 녹음하고, 또 영화 장면을 편집해 우리가 더 재미있게 볼 수 있도록 만드는 사람이에요. 일의 성격상 번역 작가와 성우, 녹음실 직원들과 일하는 시간이 많지요.

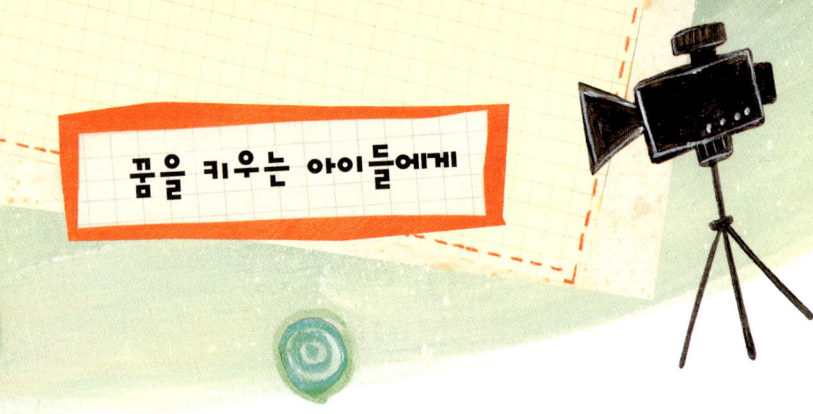

꿈을 키우는 아이들에게

텔레비전 뒤의 숨은 창조자, PD

텔레비전을 켜면 매일매일 다양한 프로그램을 볼 수 있어요. 반짝이는 조명 아래에서 가수들이 노래를 부르고, 배우들은 여러 가지 삶을 연기하지요. 또 개그맨들은 재치 있는 입담으로 사람들에게 웃음을 주고요.

그런데 이런 여러 가지 프로그램은 누가 만드는 걸까요? 방송 PD가 이 모든 프로그램을 지휘한다는 사실을 알고 있나요?

방송 PD는 연예인처럼 화려한 주목을 받지는 않지만, 아주 다양하고 많은 일을 해요. 먼저 프로그램을 어떻게 만들지 고민하고, 제작진들과 회의를 하고, 출연자들을 섭외하고, 촬영 장소도 미리 생각하고 알아보지요. 또 작가가 대본을 완성하면, 그 내용을 함께 의논하고, 촬영 장면을 구성하고, 녹화를 하기 위해 필요한 세트와 조명, 음향, 효과를 점검하는 등 PD가 하는 일들은 헤아릴 수 없을 만큼 많답니다.

그렇게 많은 일을 바쁘게 하면 지치지 않느냐고요? 내가 만난 한 PD는 자신이 방송 PD여서 무척 행복하다고 말했어요. 완전한 무(無)에서 유(有)를 창조하는 일에 자부심을 느낀다고 하면서 말이에요. 출연자 섭외, 야외 촬영, 녹화 등 눈앞에 늘어선 숙제들을 하나하나 풀다 보면, 어느새 세상에 존재하지 않았던 프로그램이 자신의 손 안에 완성되어 있다고 했지요. 그때의 기쁨은 이루 말할 수 없이 크다고 했어요. 그런 PD를 보면서 '방송과 자신의 일에 대한 열정이 대단한 사람이구나!'라는 생각이 절로 들었답니다.

모든 일을 새로운 시각으로 보고, 자신만의 것으로 만들고 싶어 하는 어린이들, 또 방송 일에 관심이 많은 어린이들은 기억하세요. 온 열정을 다해 하고 싶은 일을 하면, 반드시 꿈을 이룰 수 있다는 것을요. 그러니 지금부터 그 꿈을 향해 한 걸음씩 나아가 보세요.

글쓴이 **노지영**

행복을 연출하는
방송 PD

초판 1쇄 발행 | 2009년 6월 1일
초판 5쇄 발행 | 2012년 6월 8일

글 | 노지영
그림 | 김미규

발행인 | 양원석
편집장 | 전혜원
책임편집 | 최주영
기획 | 초콜릿나무
편집 | 초콜릿나무_김경순
디자인 | 알도_조미숙
손글씨 | 김경진
마케팅 | 김경만, 곽희은, 송기현, 우지연
제작 | 문태일, 김수진

펴낸곳 | (주)알에이치코리아
주소 | 153-802 서울시 금천구 가산동 디지털 2로 53, 한라시그마밸리 (20층)
문의 | 02)6443-8869(내용), 02)6443-8838(구입)
홈페이지 | www.jrrhk.com
등록 | 2004년 1월 15일 제2-3726호

© 노지영, 김미규 2009
ISBN 978-89-255-3279-0 73300
     978-89-255-1887-9 (세트)

값 9,000원

이 책은 저작권법에 따라 보호를 받는 저작물이므로 무단 전재와 무단 복제를 금지하며,
이 책 내용의 일부를 이용하시려면 반드시 저작권자와 (주)알에이치코리아의 서면 동의를 받아야 합니다.

＊잘못 만들어진 책은 구입하신 곳에서 교환해 드립니다.
＊책 모서리가 날카로워 다칠 수 있으니 사람을 향해 던지거나 떨어뜨리지 마십시오.
＊이 책의 맞춤법과 띄어쓰기는 국립국어원의 기준을 따랐습니다.

직업의 세계가 보인다! 상식과 지식이 넓어진다! 직업에 대한 꿈이 생긴다!

직업의 세계가 궁금해!

미래의 꿈을 키울 수 있는 '직업 동화 시리즈'입니다. 이 시리즈를 통해 막연하게 알고 있던 각 직업의 세계를 자세히 알게 되고, 직업과 관련된 사회, 문화, 역사 등 다양한 상식을 넓힐 수 있습니다. 재미있고 흥미진진한 직업의 세계는 앞으로도 계속됩니다.

1권 우주로 꿈을 쏘아 올린 우주 비행사
우주 비행사가 들려주는 이야기를 통해 우주 비행사가 받는 훈련, 우주에서의 생활, 우주 개발의 역사 등을 생생하게 알 수 있습니다.

2권 맛을 지휘하는 요리사
한식, 중식, 일식, 양식 요리사와 파티시에의 하루를 통해 요리사의 세계를 알아봅니다. 사랑과 정성을 쏟아 요리하는 다양한 요리사들의 모습을 만날 수 있습니다.

3권 소중한 생명을 다루는 의사
종합 병원 소아과 의사의 숨 가쁜 하루를 따라가며 의사의 세계를 알아봅니다. 각 과의 의사들이 하는 일, 재미있는 의학의 이모저모도 알 수 있습니다.

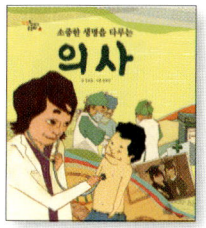

4권 꿈을 입히는 패션 디자이너
패션쇼를 준비하는 다섯 명의 디자이너를 통해 패션 디자이너의 세계를 알아봅니다. 디자인에서부터 옷이 만들어지는 과정, 다채로운 패션 정보와 역사도 알 수 있습니다.

5권 행복을 연출하는 방송 PD
크리스마스 특집 프로그램을 만드는 과정을 통해 치열한 방송 PD의 세계를 알아봅니다. 방송 제작 과정과 방송국의 여러 장소, 다양한 분야의 PD들에 대해서도 알 수 있습니다.

6권 법으로 희망을 심는 변호사
변호사가 마을 사람들의 권리를 찾아 주는 과정을 통해 변호사의 세계를 알아봅니다. 변호사는 어떤 일을 하는지, 또 법정 안의 모습과 판사, 검사에 대해서도 알 수 있습니다.

7권 세계를 향한 슈팅, 축구 선수
세계적으로 발돋움하는 축구 선수의 이야기를 통해 생생한 축구 선수의 세계를 알아봅니다. 축구 경기의 이모저모, 월드컵 이야기, 다양한 축구 정보와 역사도 알 수 있습니다.

8권 무대 위의 별, 뮤지컬 배우
세계적인 뮤지컬 배우로 성장하는 은지 이야기를 통해 환상적인 뮤지컬 배우의 세계를 알아봅니다. 다양한 뮤지컬 정보와 역사, 유명한 작품들, 공연 감상법도 알 수 있습니다.

9권 진실을 보도하는 방송 기자·앵커
방송 기자에서 시작하여 앵커가 된 한미소의 이야기를 통해 기자와 앵커는 어떤 일을 하는지 알아봅니다. 뉴스 제작 과정도 알 수 있습니다.

10권 하늘을 나는 꿈, 비행기 조종사
카이로행 국제선 비행기를 조종하는 한비를 통해 비행기 조종사가 하는 일에 대해 알아봅니다. 비행기 내부 모습과 공항, 또 출국과 입국 과정에 대해서도 알 수 있습니다.